ENGANO ESPECULAR

Impresso no Brasil, julho de 2012
Copyright © 2012 by Lawrence Salaberry.
Todos os direitos reservados.

Os direitos desta edição pertencem a
É Realizações Editora, Livraria e Distribuidora Ltda.
Caixa Postal: 45321 · 04010 970 · São Paulo SP
Telefax: (5511) 5572 5363
e@erealizacoes.com.br · www.erealizacoes.com.br

Editor
Edson Manoel de Oliveira Filho

Gerente editorial
Gabriela Trevisan

Revisão
Cristiane Maruyama

Capa e projeto gráfico
Mauricio Nisi Gonçalves / Estúdio É

Pré-impressão e impressão
Prol Editora Gráfica

Reservados todos os direitos desta obra. Proibida toda e qualquer reprodução desta edição por qualquer meio ou forma, seja ela eletrônica ou mecânica, fotocópia, gravação ou qualquer outro meio de reprodução, sem permissão expressa do editor.

ENGANO ESPECULAR

LAWRENCE SALABERRY

Realizações
Editora

CANTOS DE DISSOLUÇÃO

Os poetas queimam
Por esse quase nada,
Essa protuberância
Antiga,
Onde se oculta a inimiga.

E por isso são presos
Como poucos nesse mundo
À sensação estranha
De querer um fundo.

Que só existe na ideia
Da célebre bola
Que foram um dia os homens
Antes de serem molas.

Invejam o que ela possui
Tão distante pra eles
Quanto o Deus para os místicos
Perambulantes.

E recorrem à ideia
Férrea, inteiramente dura,
De que podem se enganar
Ante o inflar da lua.

Andou, meio à toa, por este lugarzinho
Que, na vida dos poetas, precede o nada.
O corpo, os dois olhos, a boca, a intangível
Garupa enigmática da única amada

O lembraram um dia da fonte primeva,
Do regime das águas, do elã do salmão,
E às vezes até, alucinando, via Eva,
Antes da queda, é claro, lhe tomando a mão.

E quando esse belo aparato se desfez
Veio a queda. Ele se debruçou por noites
Inteiras, escreveu noturnos onde a tez

Fugaz da amada roçava como um açoite.
Os poemas que escreveu tinham o espumoso
Que, sem querer, se perde no seu próprio gozo.

Só o dom do pó
Junto a essas águas basta,
E o chacoalhar dos ossos
Nas correntes fundas
Pra que saibam, Arquita, qual foi o nosso fim.

Nessas paragens, lembramos a morada antiga,
A abóbada celeste, o arco pleno e distante.
Mas aqui só sentimos o que já foi,
E o que vemos, não existe;
Nossa memória, o Letes
Só dissolveu uma parte,
E pela doçura do vivido,
Nosso cerne anseia ainda.

Sim, faríamos tudo para voltar,
Inda que como escravos,
Carregando fardos dia a dia,
E eu diria tudo o que calei,
Sentiria tudo o que adiei.

Já sem corpos, inda amamos,
Mas aqui no Orco
As sombras não se tocam.
Ah, ter cruzado o portal terrível,
Velhos ou jovens, felizes ou infelizes,
Encontrando a sepultura
Entre os bramidos e os esguichos do sal, sem poeta
Para grafar na face móvel das águas
Um dístico em nosso nome –
Sem consolo ou mão amada.

Vai, manda dizer, Arquita,
Que estamos aqui
E ansiamos pela voz dos amigos.

Quem falou que esta entrada
Arranha por dentro a tua folia,
Aranha, que me conceda de tirar
A fotografia, não de ti –
De tua labuta de tramar entranhas,
Saídas, artimanhas
No ramo orvalhado da manhã.

Quem falou do teu têxtil toque,
Horas a fio,
Malhas que manhã alguma rompe
E sol solerte de rocio esvaza,
Há de saber pelo centrífugo
Atávico giro teu
              que jamais penetrará.

O que o teu bálsamo maligno embalsamou
Por mor de se fazer notável em rudimento –
Malícia, silêncio, dispensamento –
Ninguém penetrará…

E quem notar-te o desvario
De sugar do voo vadio da vítima
As intestinas líquidas partes,
Desprezando a muda carapaça,

Terá visto

Tua calada tarefa de cernir
Por um cerzir esteta
Do miolo morto do inseto
A tua continuação? – Não.

NOTURNO
(*com lampejos de guerra*)

A noite desce
E o cipreste
         no céu
A névoa
         obscurece
E na caserna
         tu, que és só halo
Na lúgubre luzerna
         bela égua de raça
Quando a garupa
         abala
Adumbra-se
         nos ombros
A tua lua-gala.

E enquanto
         da colina
O alúvio
         de tuas crinas
Galopando desce
         a ventania cessa
E eu ponho todo empenho
         em ouvir
O que crepita
Sob a penumbra espessa
         de tuas vistas.

NATAL

Se então a encontrar,
                quanta surpresa nos olhos,

As primeiras sondagens,
                a imagem fugidia,

Os gostos, os cheiros
                num copo pleno do orvalho
Da manhã.

Eis em uma só taça,
                estranha ciranda intangível,

O rio caudaloso
         dos dias,
                da vida,

Das gerações que passam:

Teus sentidos saberão navegá-lo,
                ainda que em teus
Olhos
        seu fluxo
                não o retenhas.

No fundo do espírito,
                minúsculo reflexo
Se entremexe,

Como na terra
    a semente fecunda,
Contra a correnteza
    o fogoso salmão,
Como no ventre
    a criança que foste,
        sonhando
Em si o dia,

Ele se agita sem saber,
    prepara-se,
        escorre,
Desce:
    torrente de luz.

Súbito,
    noite tranquila,
        a abóbada estrelada,

Onde a lua-sorriso
    desprende-se
        para te saudar

Alçarás alegre
    do horizonte do teu berço
Tua zombeteira
Geometria
Para rir do mundo que rirá por ti.

Eis a conquista vagarosa,
                    confiante,
                                    regrada,
Cada fibra atenta,
                    cada sinal convertido –
Assim as luzes se espraiarão seguras
Como a raiz da seringueira
Por uma terra que ela não desconhece por inteiro.

CORAÇÃO DE SALMÃO

Só no inconstante
                os pés
No céu, o vento.

    Na volúvel corrente da idade,

Tudo desce
        com séria gravidade

Já rumo ao inevitável
                concluimento.
Só o Salmão
       acha em si

Um novo alento,
             quando,
                    contra a potente

Correnteza,

Busca o vão donde veio,
                  na proeza

Que o levará enfim
             à sua extinção
E depõe
        num impulso
                  o fértil grão,
Queimado pelo ardor
Da singeleza.

NATIVIDADE

No fundo negro:
Petróleo, e o vestido vermelho;
E a luz num só foco
De uma vela oculta,
Atrás de uma mão segura,
Zela teus primeiros dias.

E quando tua jovem mãe
Acolhe no fecundo regaço
Teu grão de vida imensamente frágil,
Ela é amor infinito, e embaraço.
Pois teu corpo, ela sente, é algo de outro mundo.
O que fazer com ele
Que parece
Prestes a ganhar toda a vida
Ou perdê-la toda,
Esse *Sèvres* pequeno e quebradiço
Que ela apoia no ventre sem jeito,
Como se insciente daquilo que a natura
Para toda a criatura tornou evidente?

(Por isso soube o artista
Colocar-lhe ao lado
A sábia avó que lhe ensina,
Lábios pinçados, responsáveis,
A firmar nos braços imaturos
O precioso embrulho.)

Do alto do zênite, nas herdades
Altas, uma simples guinada, apenas
Te daria de volta a gravidade
Tão ansiada – e perderias as penas.

Só isso, uma guinada à esquerda, à direita,
E os olhos, sim, ébrios da luz solar,
Veriam aproximar-se o vasto mar,
Se abrindo ao belo corpo como um leito;

Mas com tal desvario de confiar
No teu engenho, pai, antes atraio
Para as frágeis asas de cera o raio
Fulgurante que o sol lança no ar,

Pra que funda com amor tua habilidade
Ao velho e rico dom da gravidade.

ECO

O ecô de um cabreiro ou uma ária
Contra a pedra refratária,

Cópia de quem do abismo clama
É o que refrata a minha chama.

Essas coisas ela pensava
Enquanto, oculta
Na calada dos arbustos,
Viu-o
Caminhar pelo escampado,
O belo corpo,
Branco como um Paros,
E que o ar estranhamente
Perseguia.

E sua boca,
Como penha dura
Que reflete a figura
Que a voz
Ao longe
Lhe envia por dom,
Era muda ternura
Suplicando a improvável união.

"*No meu claustro sereno,*
A voz
 se retrai;

Nas paredes
    o choque
        se esvai
E quando sou eu mesma
            sou Eco
A esmo,
Que de volta vos desvia
Para as faces quietas
Das águas em que a luz retine e seca."

Assim passou-se um dia,
                nenhuma sentença
Três semanas,
Nem sinal de voz.

Só
    uma noite,
            ao fim de uma patrulha
de caça,
        ela o viu
                chegar tão perto

Do recanto fechado
            que a ocultava.

Ouviu o estalo
            pálido de um passo

E viu os gravetos na cava

O fogo aceso,
         ileso
                o corpo descoberto,

Adormecido junto às brasas.
E ela o bebia inteiro, a amada Eco,
Calada com seu corpo quase seco.

No início de tudo, o fim; no fim, o início.
Ergue-se o sol a leste e deita-se a oeste.
Enquanto a roda dos dias fia o nada
Na memória, enguia lesta, o bom fadário.

Líquidas salas, rastros, páramos pálidos:
Látegos, bulícios do cálamo bleso:
O olho d'água onde encontrou um dia o tiaso
Que ao mundo apático ele agitou a esmo.

Tanto entre densas sombras e nas surdas grimas
Vivia a sua grei – que mesmo o sentiu Elisa.
Do silêncio perplexo avançando em riste
Visitou-a o Divino numa noite mística.

Imago, fluir
ou tu mesmo
     sobre a ribanceira,
sob a água clara
      o dia todo
neutra
   a visão vara
e tua beleza
    amiga
      se desdobra.
Sentado
   aqui há dias

tu o incitas
     que saia do cristal
e estenda
    a mão;
se falas,
    de bom grado ele te imita,
se calas,
    ele se fecha em sua prisão.

Somente em certa
      instância pareceu
no cair de um
     musgo sobre o
lábio que,
     antes de esvair-se,
a forma
    hábil
gritou-te do interior de um
       camafeu.

Quando essas coisas chegarem até ele
Talvez não saberá qual seu sentido...

Mas a graça descansa em cada ponto
Do metal. O artesão interpretou
Com toda a perfeição o que lhe disse.
Mesmo na miniatura do meu rosto

Que eu pedi que fosse apenas esboço
E que realçasse o verde dos meus olhos,
Imprimiu a alerta solicitude
Sem apagar os sinais de apreensão.

Os contrastes espantam os mortais.
Em vez do claro escuro, traço meu
Que tantos têm notado, eu pedi
Que desse linha a tudo. Que o fulgor

Que foge à minha tez imperecível
Fosse apenas lembrado aqui e ali,

Sem a pasmaceira dos maus artistas.
Que tudo fosse franco, cristalino,
Mas que houvesse no olhar, pra que ele não
Se enganasse com tal simplicidade,
Algo de uma espera indagativa.

Suçuarana,
    pelo amplo milharal
A inventar
    a calada com as patas;
E eis que
   já vai
     cruzar as matas,
Contra o vento
     fareja um animal –
E ela tem
    da tarde estival

O calor do sol
     ao seu favor
E também
    do crepúsculo
       a cor
Borrada por
    tão rápido passar
Deixando
    sua frequência
       pelo ar
Amareladamente
    o seu ardor.

Neste lugar, o ar:
Hallucination vibratoire:

O ar vazio da palavra
Sem nenhum enclave.

(Tudo cai em truísmos,
Tudo se esfarela,
Tudo é um quase nada,
Até o mundo redunda.)

Uma poesia
Que o ligue ou conecte
Ao belo véu de Maia
Ou ao umbigo
Do terror antigo –
E dança com bijuterias
E distrai seus amados
Com triângulos estranhos
E espiralados.

(E os poetas se retiram,
Entediados antigos)

Ao chegar os filhos da água,
Vindos das profundezas azuis,
O galho se esgueirou.

No ar só uma nota se ouvia,
Distante canção perdida
Que desfalecia;

Nela tanto a tristeza como o júbilo
Numa fusão estranha e familiar,
E te levou junto
A onda que deixou o mar.

Respira bem fundo
Até encher as narinas
Com o sal marinho,
E te dissolve.

Há demais para todos
Nesta casa,
Há muito o que beber,
E a noite é longa,
Só para nós dois.

E vivam as águas
Inquietas que descem
As cascatas e as corredeiras –
Sob nosso quarto
Elas descem,
Precipícios
Num alegre suplício.

E viva a terra
Que, seca ainda,
As recebe
Como filhos.

A terra já não quer mais
Que teu corpo a despose,
Pois, filho,
As que decaem, as que nunca jamais se erguem,
As filhas da água,
Já te espreitam e te amam de coração.

Por tanto tempo já,
Preso na malha da esperança,
Por quanto tempo,
Amigo, retiveste
A túrbida corrente,
Urdindo no teu peito inexperiente
Uma falsa eficácia?

E os diques já estão cheios,
E os tigres se impacientam,
E rondam
Ávidos as muralhas.

Derrete, dissolve e resolve,
Sem nada restituir, nem a esperança,
Nem a confiança,
E qualquer pacto que seja
Que o prenda
Ainda ao que é sólido.

Nessa esférica cúpula
Onde me levou o sonho,
Teu rosto terno acompanho,
Enquanto ouço
As tranças onduladas do azul
Fluindo ao teu redor.

Cativo enfeitiçado
Pela estranha aparição,
O trovador na toada
Canta a dissolução.

HAMLET

A dissoluta, dissolvida.
O bem, refeito!
Conversas de estudantes
E azáfamas no leito.

Uma gota no ouvido
Como ácido no leite
Mata um velho corpo
Num jardim deleite;

E tudo se desgasta,
Se perde e desfaz
No campo estéril
Onde Fortinbrás

Por uma palha arrisca
Um exército falaz.
E eu na solidez
Pensando em me extinguir,

Na dúvida recuo,
Mas sem saber seguir;
E por isso espero
Das horas o segundo

Em que, perdido tudo,
Buscarei o fundo.

Hoje
Me sinto como a água que se curva
Levemente
Para descer o degrau de pedra
No declive da corrente.

Então esses andrajos,
Esse rosto enlameado
Para fugir ao decretado.

No oco de uma árvore,
Por longo tempo já,
Teu corpo se desfaz –

Mas nos campos
Ecoam e ladram,
E as cornetas ressoam
E um brado
Eufórico te traz

De volta o terror antigo
Do inimigo.

Quantas velhas estórias
Teus dois olhos confusos
Irão me contar esta noite
Ao pé da fogueira!

Que seja por esse instante
Junto à mata do cânion imenso.
Ó, amigo,
Diz, como foi que

O grande proponente do trovão
O grande irado
O crudelíssimo
Tem, na mata do cânion imenso,
Roubado teus dois olhos confusos.

Pois eles fanam como a brisa pela
Planície fértil,
E meu coração pergunta
E há de perguntar ainda como foi
Que meu amado, com seu estranho donaire,
Foi levado para longe de mim.

Sim, eu iria, se pudesse,
Sobre o seu fogo flamejante,
Arriscar a mão, o braço, o corpo
E descer a cratera *sans souci*
Como o pirilampo que,
Fisgado de fascínio pela luz,
Perde o brilho minúsculo de um só dia.

O que é, eu não sei, mas sei
Que é tão almo que ficaria aqui
Ansiando por sua gentileza
Para sempre.

Perto do silêncio austero,
Ao pé das chamas,
Ó olhos que com gratidão
Me chamam.

Quem quer que seja, ele sabe
Que me empenhei no dia a dia,
Passei por agonias,
E a rota não foi tão fácil
Quanto a pude imaginar.
Ladrões a cada encruzilhada,
Inverno duro, verão tórrido,
E a primavera, outrora tão gentil, com
Seus dias floridos e fontes,
Me contou
Piadas de mau gosto.

Mas agora que o silêncio grave
Trouxe de volta teus olhos,
Me deixa então ficar feliz
Que acho que estás me olhando.

Estranhos fios de raio riscam
O morro verde de Assunção.
A gente esteve aqui
Quando sua mãe estava viva.

E, quanto ao céu, era negro-cristal
Com estrelas rútilas brilhantes
Que nos olhavam de seu âmago.
Tínhamos tantos nomes para ele
Como um pai que não encontra um nome
Para o seu recém-nascido.

Nós lhes demos nomes,
Les éternels,
Les trop distants,
E mesmo agora um frêmito me toma
Se no escuro denso sinto
O par de cílios dela
Batendo aqui,
Bem perto.

Estranhos fios de raio riscam
O morro verde de Assunção.

Passe por aqui esta noite e
Me confie
O singelo instrumento
De seus lábios sem jeito.

Com os meus sozinhos
Sou incapaz de suster a canção.

A flauta, a viola são velhos amigos meus.
Estes anos todos,
Vagando de aldeia em aldeia,
Como um trovador aflito,
Minhas mãos e lábios ficaram
Aptos demais. Mas os anciões disseram
Que o melhor às vezes brota da inabilidade
E da apreensão –
Então, só passe por aqui,
E me confie o instrumento
De seus dois lábios sem jeito

Meu ouvido
Está atento ao telefone,
E o olhar fixo no morro Anunciação.
A noite invade a casa pelas quadrilhas das janelas.
E o vento sopra da planície, e o velho Guaíba,
Só para ouvir
A faísca do trovão,
Se escurece, quieto,
E tudo pára.

Corre a fechar as persianas, as janelas,
Recolhe as crias para os quartos.
O inverno chegou com seus gordos bolsões,
E, para não passar frio,
Cobre-te, não esquece, com peles e mais peles.

Não é fácil esquecer, mestre trovador,
Teu mais nobre andamento.

Crê,
As cordas tesas do alaúde
São meus nervos reverberando,

Irradiando o
Meu amor por ti como
Os dois sóis do teu olhar,

E quando eu dedilho tuas crinas
Arredias,
Na corrida,
Eu cuido gentilmente
Para não enredá-las.

MARINA

Preso à noite
Nesse cais
Ouço o barco,
            lento a ondular,

E o contramestre nervoso
Pelo tombadilho.

– Certeza de volta ao lar –

Tudo sereno,
           onda boa

De tuas pernas batendo
                    as canoas.

E noite adentro
              a canção da aragem

E a garoa
Que refresca o alento

Me lembram teu corpo amado
Entrevisto num momento
De descuido do vento.

CES DEUX YEUX BRUNS
(*de Ronsard*)

Esses dois olhos negros,
Lâmpadas de minha vida,
Sobre meus olhos a expandir
A sua cintilação,
Roubaram-me a liberdade
Para danar-me na mais servil prisão.

Ficaram meus sentidos
Pasmos com teus olhos,
Tanto
Que tontos com sua beleza ímpar,
Aferrados em ser leais em tudo,
Outros não mais quiseram ver.

Só com esse aguilhão
Meu tirano me finca;
A nada mais minha mente tem dado guarida,
E esse ídolo habita meu peito sozinho:

Minha mão só teu nome cultua,
E em toda a folha onde escrevo às altas horas
Só há de tuas belezas que meu pensar decora.

ADAMANTINA

Adamantina a noite,
Logo
  dia adamantino
Íntegro
  inviolado
Como a terra nua
    intocada
Sem arado
  e sem charrua.

A manhã fresca
    qual luz azul alpina
Pelos galhos tenros
    escorrendo
E a estranha
Ramaria.
Água fogosa
Fundida fulva
  pela lama
Onde o primeiro
  se entremexe,

O corpo nem desperto
    surgindo
Do fusco sono,
  o sonho inda
Dançando
  ante a vista

Inexperta:
   e aquele que te fez
       te chama

Para que tu,
   que cairás,
      te ergas
E vejas o imenso panorama.
E ele te toca, filho,
Ou nem te toca –
    apenas
Aprenderás a duras penas.

SATÂNICAS

No ápice do equador
O corpo, mesmo poluto,
É opaco –
E dele nunca cai
A sombra.

Lá o raio da vista
Atinge o mais longínquo sopro
E fareja já à distância
O frêmito de um ruflo;

Asas no escopo da visão:
Me lembram
Tuas faúlas, de ti que alumias
De ti a quem lancei a voz.

No sorvedouro estou, quando
Diviso teus divinos cachos
Ápiros no gélido,
Pedúnculos na unda escura –
E quando tocam o fundo
Ricocheteiam.

Como, com corpo múltiplo,
Entrar em ti, tu que o far-niente
Eterno criou tão
unicamente?

Imago
Que vigia à porta do circular recinto
O ingresso dos prodígios
Que o próprio deus criou!

Mas para aproximar-me de sua ira
Tremulo
As asas que difundem
A noite
No arômata do dia,

Para encontrar o que voa
Sobre o úmido e o seco,
Sobre a terra e o mar,
Amigo antigo, cativo
À vigília,
Que espreitas os arredores.

Transposta a porta de Uriel,
Já não há mais nenhuma sombra,
Ou obstáculo à vista:
Rútilo que se expande como a onda
Saudosa respingando a crista.
Quando olho a doçura
Que apazigua
Mais se intensa a fel do que visita
O paraíso, mas não o pode ter.
Para onde quer que voe
Trago-te, noite escura
Nas dobraduras das asas
Duras pelo cismar sobre
Águas sem reflexo. Ira mais ainda
Engolfada num tempo
De tediosa duplicação.
E eu mesmo quando me contemplo
E à minha estirpe,
Me horrorizo. Mesmo assim não paro,
Porque avançando no nada ao menos
Eu me distraio.
Por isso por onde quer que voe
Levo essa máquina e meus olhos
Finos como o de um arcanjo –
E sondo amargo no verde desse vale
O que me falta, faltou e me faltará.

FRAGMENTOS DE SEPTIMUS

I. DÜRER

Após ver no horizonte o primo parto do fim,
Trovão que infla, faca abrindo
O bulbo plúmbeo do céu, sangraram
As nuvens
No bojo, e veio o fogo, o fumo e a aflição;
E enquanto se erguiam no ar os urros
E os lamentos –
Arrojou-se do céu,
Lança e roda, cascos coalhados de rubro, a Esquálida
Cavalaria, içando
A poeira branca no ar carmim.

E rodopiando, corpos-destroços
Desciam
No sem fim
E abriam
As bocas

Horror

(Esse foi o pesadelo
Que uma vez Dürer teria
Anotado
Ao despertar
Febril e espantado
No caderno de trabalho.)

E percebeu a hora,
Num surto de Hieronymus Bosch
E após caminhar
    pela cidade,
O passo lento,
    no mortiço do momento,
Deslizando quilômetros
Pelos suspiros do metrô
(Onde, sem canto amigo e himeneu,
Remam as mortas de agora), zarandou
Por favelas, giroteou por cortiços,
E recebeu os beijos da brisa, senhora
Dos contágios, da peste, dos mil abortos e
Das vacas sem cria e dos invólucros
Secos isentos de sementes.

O porta-tocha –
    loimos echthistos –,
Incendiando os templos e as sacras ofertas,
Semeou a peste.

E quando desceu o primeiro círculo
Ouviu, quando já tudo se esvaía,
Do funcionário as treze atribuições,
Refazer três vezes a mesma operação,
E subir as escadas e descê-las
Com um chuvisco de calvície nos cabelos
E acertar sempre as mesmas vedações,
Repetir cada ofício tal velho refrão
Ou um novo estribilho
Monofônico e sem brilho.

Viu o homem-castor, oculto pelo dique,
Ele que monitora, noite e dia,
As correntes líquidas e o regime das perenes
E eternas águas,
Poluídas e esgotadas.

Ele, no imenso platô,
Sozinho,
Sem descansar uma hora,
E segurando a tenaz charrua
Puxado pela forte estirpe equina,
Enquanto o espreita o olho do sol
Nos trabalhos e nos dias
E não há nada de novo sob o sol.

E viu a triste turba dos automóveis
Soando num estrídulo,
Gafanhotos na zona tórrida –
E seus ouvidos zuniram
Como no último dia
E pensou em

Como parar
Como frear
O ir incansável
Dessa zona obscura
O ouvido retine
Os olhos se cansam
E a cada dia mais ferido.

É igual ao amar

O deslizar
Da bela inalcançável
Corredeira obscura
Mas as pernas se fatigam
E os braços estranham
O corpo mais querido.

E esse era Hafez
E foi, e viu, e esteve,
E, sentindo o pouco tempo
Que havia antes da hora tardia,
Sua boca se esticou num último sorriso e
Entoou um hino de vida e de ironia

II. CANÇÃO DE HAFEZ

Lanternas
Pendem do céu noturno
Pra que, antes de dormir,
Possa teu olho traçar
Mais uma imagem de amor
Na tua tela de seda.

Palavras vindas Dele
Te alcançaram –
E araram dentro
Um campo dourado.

Quando se destilarem
Todos os teus desejos

Farás tão só dois votos:
De amar mais e ser feliz.

Tire os sons da
Boca-flauta de Hafez
E os misture dentro
De teu sementeiro.

E quando a lua diz,
"É hora de plantar,"
Por que não dançar,
Dançar e cantar?

III. O FOGO NA FLORESTA

"Cantar?
Será que você não entende, será que não vê,
Onde está com a cabeça? – Num sorvedouro.
– E aí?
O nirvana? Por favor, me poupe!"

Tudo se dissolve
E mesmo
Os melhores desagregam e mesmo a floresta
Se degrada e mesmo tu que amo te aviltas
Um pouco cada dia, e eu também –
E escuto, apreensivo,

Atrás, o solene cicio da ave arauta, giroteando
Junto às nuvens,

As asas em pleno êxtase.
Na floresta densa onde reina a pantera
Abre-se uma fresta, logo fenda,
Que afoga o verde, logo fogo.
Desperta de seu sono, homem,
Para um sono de eras
No fumo imenso da ordenada inércia.

Um homem sozinho na enorme clareira
Acena os olhos para sua obra-túmulo,
E ergue-se do solo, em lambidelas,
As mandíbulas do fumo.

O lume-luar azuleja
As vagas quentes do riocorrente.
Mas quem dará ao solo tísico
A antiga carícia roliça das raízes?
O céu é escuro, o solo também,
E um homem acena os olhos para o redemunho.

Escutas
O vento acelerando sobre a taiga inculta?
Nesta plaga, onde ninguém se arrisca,
Sopram
As rajadas áridas,
Vergando o carvalho antigo;
E o fogo purgou dos campos
A erva brava e os grãos,
E os ramos, recém no broto,
Penderam na terra seca e atra.
E quando a fumaça se ergueu rumo ao vasto,

                Um homem se arrastou
                                    pelas dunas de sal
        E escalou
                léguas e léguas
                                de destroços
        E subiu ao mais alto detrito
        No cume do penhasco
        Onde o viu o coruscante fumo –
        E lá avistou, ao longe, no mar,
        Os teus dois olhos calcinados,
        A ilha
        Jadis belle île, pleine de fleurs écloses.

        Oh, filha, tu que rumas às cavernas dos mortos,
        Sem amigos e himeneu,
        Onde estão os mortos lacerados?
        E a noite desceu
                        sobre a frouxa cabeça dos homens
        Que escutaram, vindos de um borrão carmim,
        Pelo ar afora,
        As turvas pancadas das horas.
        Oh, filha,
                                    esse mal
        Polui o nosso dia: o cultivo não prospera
        E em vez de frutos bons nas ceifas, só a hera
        Medra abafando os grãos antes da brotação!
        A praga, visitando a cálida estação,
        Trespassa o coração dos velhos da cidade
        Que, avançados na idade,
        Já não podem imitar como o fizeram antes,
        Jovens na flor do tempo, argutos, vigilantes,
        O majestoso vôo da águia de asa esguia.

IV. A OUTRA MARGEM

Denso e oleoso sob o arco
O rio se arrasta lento e estulto;
Ronda de sombras túmidas,
Água turva, lua líquida exausta,
Luzes tremeluzindo.
Ruas, palácios, andaimes,
Os gemidos e os mugidos
Da turbulência humana.

Longe das praias atlânticas
Rumo à cidade vasta
Contra o curso das águas
Onde me arrastas?

Deitado na canoa
Urna por águas noturnas
Sentir
A película do casco
Entre a vaga balouçante
E seu antigo amante.

Ouvir a água clamar
Pelo filho que a escuta
Deitado na canoa
Como vivo no colo
Do amor seguro.

E,
Como o broto no veio
Que ao raiar a aurora

Rompe a crosta para fora,
Ter o ouvido preso ao casco
Até a hora.

E ver
lento
Descer dos céus vastos
Tu, orvalho fecundo –

No rio imundo.

Estas águas estanques
Dão febre,
E nem as ondas de suas praias cantam,
Mas, de manhã,
Símios de tocaia
Explodem em gargalhas.
E os corpos fundem-se nas águas
Vagas, untuosas
E o Atlântico está longe e os homens aqui
Encapelam-se, engorovinhados de dor.

Sentado
Nas areias espessas,
Viu o incêndio
Murmurando e alastrando-se
Pelo ventre túmido do túrbido rio;
Depois o grande torvo rolo das ondas,
Arrastando corpos e ervas e ramos calcinados
E tudo parou.
Ouviu tilintarem os ares, as luzes
Mas as águas pararam.

Ouvir a água clamar
Pelo seu filho mudo
São pétalas o orvalho
No corpo desnudo.

Para onde ir agora?
A estrada está batida.
E o andarilho chegou perto da serra
Onde dormia, meio morta,
Como velha mendiga,
A tapera desossada,
Entrou, dormiu e sonhou
Que
Bandoleiros chegaram a cavalo, abancaram-se
Ao lado da lareira, e enquanto um empunhava
A peixeira o outro limpava com o facão a unha.

Tínhamos feito um plano na noite precedente,
E, de manhã, cantando e celebrando,
Um grupo foi pro sul e outro para o norte:
Eram tantos os nossos
Que um pisava o calcanhar do outro.
E quando atacamos
Gritavam que estavam morrendo,
Mas não pediam clemência –
Antes de morrer já estavam mortos
E calados.
Não sei como explicar.
Fui tomado por um gênio.
Até hoje quando sonho
Meu corpo muda, é inexplicável.

A imagem não vai me abandonar.

E quando ele fugiu, olhou para trás
E a tapera com voz de velha coquete:

Canalha, foi embora! Deixou-me sozinha,
Plantada ao pé do serro virando tapera!
No meu telhado as aves já montam os seus ninhos...
Em minha porta podre já dançam as heras.
Minha lareira, centro vivo do meu corpo,
Onde a criança de frio aquecia sua mão,
Está extinta. Eu, que no meu tempo abriguei
Uma família no meu seio generoso
Sou hoje esconderijo do horrível gozo
De quadrilhas atrozes de foras da lei!
Mas quando estou sozinha, as samambaias, damas
A brotar nos buracos mofados e frios,
Elas sabem tão bem usar de tons macios
Que as tomo por instantes como minhas amas...
Mesmo o cactus vadio, visão que me era hostil,
Que gentileza a sua ao servir de sutura
Para as vigas repletas de largas fissuras
Que me escavaram o sol, o vento e a chuva vil!
Mas tu, viajante, que na estrada te acautelas,
O passo presto, plena de esperança a mente,
Não te furtes de honrar com teu olhar ardente
Esta velha tapera que um dia já foi bela.

Fiquei ali jogada muitos dias
E aí ouvi uma menina chegar:
"Ela está podre, pra ela está acabado.
Ela te parece humana?"

E aí notei que os que estavam ao redor
Já estavam decompostos. E quando
Me puseram em pé, notei aquilo grudado
No meu corpo,
E comecei a arrancar.
Você já imaginou viver entre os corpos?

V. A VOZ DA ANDORINHA

Como um pássaro, eu voejava toda alegre,
Planando livremente ao redor dos cordames
E sobre o rio corrente,
Cruzando as infernais paragens, dei uma guinada súbita
Pelos ares, recirculando de volta para
Os mares
Para que soubessem os marujos
Que lá,
Nos mares, peixes empalhados,
Nos abismos recortados,
Um tridente enferrujado
                    minado de anemas.
Iremos sábado aos velhos temas
Ao ábaco, ao cálculo dos dias.
Mas, nos mares, peixes castrados
Aspiram ao exílio dos aquários.
Iremos sábado violar a última árvore.
E o carbono da combustão
De pássaros empalhados calou a luz do sol,
Um golpe na goela escancarada
De uma ideia carcomida.
Anjos murrinhas repartem seu quinhão

E pesam suas rações de céu
Com a balança dos anos de anemia.
De féroces oiseaux perchés sur leur pâture
Carcomem o enforcado já meio maduro (rank)
Fincando o bisturi de seus bicos sujos
Nos cantos nojentos daqueles despojos,
E um suco ressuma das coxas
E explode
E o sopro tábido lança nas águas
O grão da morte que prospera
E o negro Hades
Se opulenta de prantos e gemidos.

Não vedes aquela mão que pelo ar caminha?
Um dia virá, que não está longe,
Que aquilo que ela semeia
Será vossa ruína.
Dali sairão engenhos
Que hão de vos matar.

Mas, olha, é
Cithère,
La venerée,
Le superbe fantôme,
A ilha calcinada e, logo ali, ei-lo

Hipólito com uma peruca branca
Num cenário de Watteau.
Está prestes a ler com a bela pastora Silvia
Liaisons de Laclos,
Quel giorno più non vi leggemmo avante.

Eis um parque onde por colunas sobe a ramagem
Cintilante:
Diana, que os ramos se misturam
Aos seus cachos de ouro puro,
Uma seta a golpeia
De um cupido traiçoeiro.
E ei-la, Fedra, fogo atrelado aos flancos,
Ardendo busca a ramada obscura
Onde o Ouro não a procura.
Enquanto isso descabelada
Passa Oenone preocupada.
Sentado mais embaixo
Está Teseu. Parece lembrar
Os cães da Lapônia, Ariadne e os ardis do tricô,
Depois dorme sobre as *Maximes*
De La Rochefoucauld.

Altiplanos: um rei nu e um dragão vencido,
Passos de dança em senda crivada de espinhos
E cardos: é Luís XIV como Veneris Anadiomene:
Perto dali um São Jerônimo,
Acocorado em intrincado ninho de asceta,
Carcomido pela sombra, se flagela
Com um ramo,
E masca os lábios –
Afora seu trêmulo olho fosco,
Nada se move em toda tela.
Vox populi por perto: opiniâtreté,
Programa de auditório,
Pregador com bíblia na mão,
Narrando com entusiasmo. No fundo

Pernas balouçam
Tardes quentes – caem
Folhas de parreira lentamente –
Lupercálias estéreis.
Io Hymen, o Hymenaee

Tarde. Sol. Mississipi.
Grilo estrídulo e ar denso.
Tralálá tralálá: é Huckleberry Finn chegando
Da pescaria
Com uma vara cheia de peixes enfileirados. Não.
O rei David com o prêmio de mais uma guerra:
Prepúcios
De quatro mil filisteus.
Io Hymen, o Hymenaee!
E cadi

VI. O QUE VEIO À MENTE NA QUEDA

Avançando pela estrada, fitando o horizonte ao
Longe,
Estranho que a manhã demore em chegar.
As vozes
Desfazem-se aos poucos como um velho canto
Que atravessa as planícies e as vagas do mar.
E desceu a
Noite como rio turvo que escorre
Pelas artérias entupidas da cidade,
Penetrando o esgoto seco, o cano do metrô,
Alargando os leitos,
Repletando os becos onde palitos e papéis picados

Amoleciam a cal
Das alegorias dos carros de carnaval. E
Desceu o passo trôpego, apressada,
Na mão direita a máscara,
E, ao encontrar um refúgio contra
A chuva,
Deitou e cobriu-se nos jornais
A moça,
A moça dos olhos verdes
Cinza-aureolados.

Ele não volta mais?
Não voltará jamais?
Não, é findo e morto
Vai, deita no teu horto
Que ele não volta mais.
A barba era de neve,
O topo um linho leve.
Partiu, está num vão,
Gemer agora é vão
Que Deus lhe dê perdão.

Entre o sono e a vigília
Vivendo em buracos,
Inaptos para vôos altos
E migrações ousadas
Cá estamos,
Os comedores de bulbos e raízes,
Controlando uns aos outros,
Prevenidos e previdenciários,
Famintos e empanturrados escutando, quando chega
O estio,

O grito estrídulo de Cassandra
E das sábias andorinhas que hão de dizer,
Porém tarde demais:

Ceci ne me plaît pas

Mas não ouvimos
O que vimos
Não cremos
Com que vimos
Pasmamos
Por átimos
Tivemos
Vislumbre
Do fogo
Nas coisas
Caindo
O acaso se fez
De dentro do nada
Por átimos
As redes
Buscaram
Um culpado
Porém parecia
Que dos céus
É que vinha
A combustão
Antiga
Que ardeu
Na cidade.

Tudo neve
Branca e pó,

E rosto branco de terror
Ao ver
Os engenhos que vieram do alto ar
Como pássaros de prata.

E por instantes
Tivemos um translúcido
Vislumbre
         do fogo febril da noite
Mas logo
Para nós
Se fechou
A visão do fim
Para que se adie
Até a última gota
Que cairá
Aos poucos
Sem ruído
Descendo
Sozinha, ou do teu lado,
No trabalho, nas compras,
Na caminhada, quando sentas
Junto à fonte degradada
Ou no jardim artificial
Desse centro
Comercial.

Mas se a água cai
Mesmo entre sifões

Mesmo enquadrada
Pela companhia de águas
No fim:
O mar, talvez,
Soberano regurgitando os filhos e que não replena
Nunca,
Imenso que
Nos faz lembrar que, mesmo calculando,
Medramos
Por pura compulsão,
Mas não vemos o que há
E, se vemos, não podemos parar.

VII. CANÇÃO DA QUEDA

Para ir, retornar
No círculo e pensar
E ir e voltar para ir e tornar,
Girando
Como um destroço
Em câmara lenta,
Vagaroso
Peso leve,
Tombando lírico
Pelo ar intacto,
E se fanar
Numa fogueira breve,
Fumaça agora leve,
E desce e corre
E jaz.

Para andar, retomar,
No ciclo do pensar,
E vir e voltar para vir e tomar,
Rodopiando
Como qualquer troço,
Extraviado na senda,
Sem pouso ou
Asa neve,
Perdendo o vínculo
Com todo o tato,
E despencar,
Torrente leve,
Cascata que ondula breve,
E desce e morre,
Hélas!

Para ver, recordar,
No silo do amar,
E ver, rever, lembrar,
Tilintando
Como qualquer osso,
Resquício ou lenda,
Branco untoso,
No céu se eleve,
Perdendo o afinco
Do belo ato,
Para declinar
Numa fusão que deve,
Final que já se atreve,
E desce e escorre,
E paz.

Revirando como um resto
Ainda,
Como o fogo e a labareda
Se inclinam,
Como a água e a torrente
Se ensinam,
Revirando os moles,
Buscando as jusantes
E o vau,
Junto ao qual
O azul mau.

Revertendo como um resto
Ainda,
Passando ileso como as sedas
Que enviam,
Cruzando as terras quentes
Que suspiram,
Pelas brisas e os foles,
Olhando para o antes,
Ou pro mal
Futural
Na cal.

VIII. TRAVESSIA

Pelo braço de água,
Um fluxo de onda leva-me
Às costas silentes, enquanto, ao lado,
Vejo passar as cidades, os homens, tudo que agora
É morte.

O povo não se despede,
Não organiza os ritos e os hinos.
Mas eu, eu sou grata ao barqueiro por ser tão gentil
De levar até o outro lado do firmamento
Ao meu corpo, aos meus olhos e ao meu irmão.

SONHOS E IRONIAS

PETIT AIR D'ALICE
(*de Francis Ponge*)

Esperando
que o fumo das horas
fugisse pelas gelosias abertas da tarde,
meus sensores me disseram
que o mar do dia se esvaía
em seu derradeiro ciclo.

A cautela que me impedira
de cobrir o cálice que a luz viola
já não mais me detinha.

E por não poderem ouvir
teu *di profundis*,
teus *mystères terribles*,
minhas patas
entoaram
uma rude e desastrada algaravia: o tema
dessa trilogia era a carcaça tardia,
os clowns cascudos,
a doidice de recomeçar sempre
e de cessar de ser si mesmo,
descer voando pelos cantos,
cantando ao mundo o desencanto.

E andei por bem mais tempo
com minhas várias patas,
mas não encontrei o príncipe ingrato.
Eu procuro em toda parte
esse ignóbil,

digo coisas agradáveis aos meus vizinhos,
os caramujos gabolas e insolentes –
e nesse jardim confuso,
dou meus ares de discreta
para não ferir a sua admirável e célebre prevenção.

Um fantasma te visita todos os dias
Com seus olhos cor-de-essencial.

Se ele te envolvesse
Em seu fino lençol terrível
E te fizesse branco-cal.

Se ele te dissesse: vem.
E o seguisses até a brenha,
Fosse celeste ou infernal...

Mas não! Teu corpo é devoluto,
Como um presságio entre bruxos.

E não é só esse o teu mal:
Trazes contigo um crânio,
Um ramo seco, um pó estranho
E um castelão assustado.

Nada além, vem e volta, separa-se
De mim e logo se dissipa.

Celeste.
Senti a fadiga que palpita
E a cotidiana estafa
Em situações que nem posso lembrar.
Dissimulações silentes do seu rosto
Às seis horas de uma tarde
Desmaiam e logo se adivinha: não é minha.

Um monumento passa insaciável,
Como um perpétuo resfriado
Nas cores dos sorvetes da esquina.
Penso num fim parcial:
Neste escondido duplamente nos seus atos.

(Queria figurar em suas iras)
Mas a vontade emerge do abismo,
Vem e volta,
Separa-se de mim

E logo se dissipa.

ORDEM DO DIA

I

Se pensas que pensas
                        que tendo sempre nunca
Assim pensas
                que tendo sempre
Pensas nunca.

Para sempre
                nunca mais o menos
Para mais
                pensar no nunca.
Sempre nunca
Para que mais se pense
                      que sempre penses nunca.

II

Prefira agora a ferida
Nem mais
        nem sempre.
Nem que se
Para feri-la
        pense para que se
Prefira
    conforme a ira.
Conforme a ferida.
               Prefira.
Para que
    como nunca
Nem que nem mais
            nem muito
Acorde a ferida.

III

Ira nunca mais pra ir
                     nem que tarde penses
Como sempre
               nunca mais ferver aspirina.
Caso for que prefiras
Nem nunca acorde para a ira –
Pensas conforme a ida.
Inda nunca mais alta assim
                        se pensas
Que prefira
          conforme tendo no bolso a aspirina.

REFLEXOS NO INCONSTANTE

Cinco anos em transe pelas vias,
A jarra de vinho pensa na
Tira da cinta.
                Assustador.
Mas quando acordei,
O corpo alquebrado no solo,
Grossa poeira nos ombros –
Ofuscante –
O olho do céu piscava
O olho lúcido de Apolo
Que me cegava.

TAPERA

Esta Tapera que vês
Encoberta pelo mato,
Comida pelos cupins,
Frequentada pelos ratos,
Outrora foi uma casa.

Vê como lhe caem
As esplêndidas janelas,
Como a corticeira em flor,
Tortuosa na capela,
Expande os galhos tortos
Pelas frestas das cancelas.

Da lareira quente resta
Só esta chapa de aço,
E embaixo dela ainda
Se encontra humano traço,
A cinza, o pó e o carvão,
E uma boneca sem braço.

Já no seu telhado podre,
As aves montam seus ninhos,
E pelos trapos da sala,
Cortinas velhas de linho,
Uma matilha esfomeada
Arrisca pata e focinho.

E se dos polos frios vem
A ventania cruel
Tão triste é ver suas telhas

Arremessadas ao céu
Que a boca de quem o vê
Se alaga de amargo fel.

Mas quando aos passeios vagos
A fúria da chuva exorta
Pelas salas, pelos quartos,
Os passos da sombra morta,
Que espanto me causam os golpes
Dos seus punhos contra as portas!

Inebriado
Por tua chama a lhe piscar,
Quando sobre as penhas
Espraia
As asas a sugar tua melodiosa luz,
Ele esquece que são fardos, que as bate
E que está voando.

É verdade,
   é assim: diante dele
Razão alguma.

Palavra enviada,
    um nada.
Seu coração tão amplo,
    sua força gigantesca.

Teus olhos quando os fitam ficam vesgos.

Ele despenha
   as cordilheiras,

As precipita
   em sua cólera.

E nas águas ele agita
As lerdas barcaças
   do tempo,

E mesmo o templo do homem
      para ele tem sua hora.
Basta que ele queira,
   à sua vista
O sol se esgueira,
   os astros calam;

No vasto fundo
– Denso –
   desfraldou
     um céu de águias

E cavoucou os mares
                         e também pendurou
Órion e a Ursa
                e as plêiades
                             nos ares.
Tudo
Assombro imponderável
Inescrutável.

E se passa acima, não o vejo
Fluindo brandamente
Quem ousa dizer
                 "que fazes?"
Quando do despenhadeiro
Descendo em disparada
                       tuas flechas
Tiram a vida de tua presa?

De sua ira
         ninguém duvida,
                         e ele não faz caso
De explicá-la
        às estrelas

Que se postam no seu firmamento.

Enquanto por esses plainos sem fim
Eu vagar, não me chamarei mais rei.
Tenho um comparsa para rir de mim,
Tão fiel quanto uma filha. A minha lei

Fez injustiça a um pobre esfarrapado
Que encontrei no fundo de uma tapera
Como um cervo ferido e agachado.
Ele fez para mim um leito de ervas

Para aquela noite fria. E enquanto ia
De lá para cá notei que sua mão,
Bela, sábia tateava a escuridão,
Solene como um monge na abadia,

Afeito aos afazeres e às horas.
Foi somente ao nascer a manhã fresca
Que a luz cruzando pelas várias frestas
Mostrou-me o rosto que eu ceguei outrora.

Como órbitas extintas
Nas lentas corcovas dos séculos
Atrás destes olhos de pérola,
Uma lágrima negra se anela
Insuportavelmente bela.

Certo demais de estar perto
De tua luz,
Meus olhos estavam cegos
E não viam muito além.

E eu era como a águia,
Cheia dos olhos e segura das asas.

Por entre o fino ar cresci,
Erguendo-me rumo a ti,
Tal Ícaro inebriado por teu brilho.

E veio esse velho a quem o povo
Chamava pelo nome de Tirésias,
Aquele velho cego, o profeta,
Que cruzara
A trágica cordilheira,
Pés cortados pelas pedras,
Guiado por um menino
Pra dizer do meu destino.

Lembrar é inútil agora
Quando a lembrança traz a hora.

É, as aves estavam voando estranhas
Aquele dia,
Mas o que veio ninguém previa.

Já não sei mais o tom em que devo cantar.
A natureza, quando alguém a contraria,
Vinga-se. E o antigo elo de ouro que existia,
Rompeu-se – ou se desfez no cotidiano mar.

Já se foi o teu dom que me fez despertar.
A vigília restou como uma chama fria
E nas noites de estrelas fico na vigia,
O corpo alerta e insone, os olhos sem fechar.

Voltar de noitezinha ao velho corpo mortal;
E, para adentrá-lo, desatar a alma em caudas,
Ouvir os estalos pálidos dos membros,
Ver a coluna reta e branca como a acabrunhada lua.

Pega um fio de sede
Da pupila ermitã,
Meça-o numa régua
Tal tamanho, tal afã.

Seda veloz, tua beleza,
Pura infâmia,
Lesa-me o corpo,
Como lâmina.
Alguns te aconselham,
Outros simplesmente calam,
Eu te escolho
E colho como um par de asas.

Brilho do sol
Feixe de estrela
É minha íris
Se posso vê-la.

Passa sedosa
Pétala ardente
A contenciosa
Em minha mente.

Tão presta era
Quando me lia
Que de sua sombra
O breu não via.

E a água das vestes
Vendo-a tão perto
Do que me disse
Não estou tão certo.

O pássaro está morto, mas vou
Subir nas árvores, até os galhos mais altos
E procurar os ovos que ele deixou nos ninhos.

Na floresta imensa, penumbrosa, talvez
Não tenham resfriado ainda.

Da angústia que o devir forjava somos filhos
Ressugados. E os olhos do tempo encoberto
Absorve-nos agora, sem que nossos cílios,
Que não são de animal a perscrutar o aberto,

Ousem piscar. Nem somos nós os andarilhos,
Pois há amor onde o andar procura o incerto,
E recolhe no chão agro os dourados milhos
E nutre-se do nada quando faz deserto.

O agora dissolve e descora no aguarrás
Do tempo que anuncia, promete esperança,
Nesse limbo sem cor onde só há o vulto.

Ali o esperar desespera, e então jaz.
Pois aguardar é engano que a perene criança
Aprende quando lhe apontam diante o futuro.

Vem, aranha, e desce até aqui;
Retém teu ferrão venenoso
E esse tecido que há em ti,
Secreta labuta do gozo,

Que, sem que eu saiba, desfias em mim,
Permita-me que eu a toque
E a buscar o estranho e querido fim
Eu lá receba o justo choque.

Há um prazer em mim tão bem velado
Que ao te olhar tenho certeza
Ver num portar-se assim certo estado
Que provoca a natureza.

E eis que minha mente pelas salas
A voar sem nenhuma bússola
Tu com tua teia a captura e embala
Terna e galantemente augusta.

Na velha Ur
úvula
    e ovo
que fazer com essa gruta escura –
l'origine du monde
l'orifice du monde
l'ouragan du monde
– que só de olhar
Perco o fio da minha sintaxe?
Na terna Ur
óvulo
    e uva
Ovo do mundo ou *sóter* do mundo?
la tête du roi
médusé
    as laboriosas migrações da desova
caso no caminho o salmão não seja
colhido
o filho de Laio
    o icárico
        para cair
segundo os enredos lógicos de uma fórmula
absolutamente eficaz cujo fim está já inscrito –
ilusão adolescente megalomania fria
como Hamlet
o inveterado
o insolente, o Ur-Hamlet,
o adâmico
    To a nunnery
Delícias de suplícios
Precipícios

pérolas negras
pelos cantos desta casa
você me espreita

As casas são silêncios quando deixadas sós:
Arrabaldes da lembrança que a memória incita
Ao remoer-se em suas mil reprojeções.
Um quarto se liga ao outro, uma sala, uma cozinha,
    um corredor,
Uma troca de palavras nas escadas: as casas são silêncios
Quando deixadas sós.

E eu o invoco, o estranho
Que pálido desperta do seu sono, ergue as patas,
Marcha ao lugar antigo:
No pensamento sou eu que agora contenho
Quem outrora me continha.
No pensamento
Onde outra arquitetura a projeta, talvez com as frutas
    do quintal
Numa eterna circulação de nascimento, corrupção e
    morte.
No pensamento com a régua e algumas linhas fugidias,
Difícil traçá-la ou evocá-la. Como habitar quem me
    habita.
Mas ela está fria agora, sem o calor do fogo. A casa é
    uma extensão
Em mim, que está perdida.

E onde a voz que a preenchia?
Do telhado que cobria os fundos se viam os primeiros
    raios.
Estrangulava-os as mamonas que no azul,
Cresciam mudas com seus grãos de espinhos,
    arregaçando

Estridentemente os ombros verdes no baldio,
Sorvendo em desvario
Os amarelos pulverizados. Eu as vi
Ao me voltar ao leste aquele dia.

A casa é uma extensão de mim que está perdida, ela é
    a sombra
De todas as sombras ou talvez um labirinto dedálico
    do sonho
Que retorna e sobressalta o insone: eu a busco
Na parede mofada, no mijo do cachorro
No vozerio-algazarra
Das crianças que saiam da escola ao lado,
Na textura suculenta das paredes, mas talvez
O fio esteja perdido que a delicada aranha retramou.
Imaginar aquele olho
Que ouvia, via e escrutava pela casa.
O simples esforço de recompor teu entorno, teu
    aspecto baldio, teus
Paralelepípedos, tua flora de mau gosto me inebria e
    paralisa.
Agora, num átimo, ele surgiu.
Entre o imaginar e o que imagino
O que me falta é eu.

Campos gerais do mundo
Terra imensa de planícies, com rios dissolvendo as
    espátulas
Humildes na moagem do ar noturno
E borbulhando sua cálida algaravia
Só para atrair as velhas jeremiadas dos salgueiros.

Campos dos ricos e dos pobres,
Dos insetos e dos gigantes
Das súbitas fulgurações que de manhã
Emergem, como faíscas limpas, dos corpos
Dos viventes, e que as
Laboriosas tesourinhas cruzam contra o sol.

Nesse solo deixei os olhos
Como se deixa a rosa e o vinho.
Olhos de criança que viram ruínas
Antes que viesse o incêndio
E caíssem as casas, os prédios
E se mutilassem os lares
E os túmulos dos ancestrais:

No dia da desgraça, o grito estrídulo atravessou
Os plátanos alto no ar gelado,
E incendiou o dia.

JÓ

I

Se quem abriu o céu sobre o vazio
E construiu a terra sobre o nada
Não quis que os vivos vissem o tênue fio
Na qual a hora está equilibrada

Então ao menos que ele desse as caras
Não pela boca desse fariseu,
Hipócrita que crê expor às claras
Tua intenção contra aquele que gemeu.

Na pele a lepra podre me carcome.
Tu que extravias nas vias o homem
A ti eu me dirijo tão somente
Que desfraldes o fulcro da torrente

A flor do raio, o abismo, o vôo da águia
A força e a eficácia de tua ira
Quando do alto despejas vagas de água
Ciumento do olho humano que a admira?

II

E o que Deus tem a ver com minhas chagas
Se só o que temo são, vocês, humanos
Apaixonados por antigas sagas
Que falsos planos criam ano a ano!

Que velha história é essa? É uma lorota
Pra enganar um imbecil. Não há de ser
Eles que agora irão me convencer
De que errei e que agora pago a conta.

Tirem do embornal meus mil delitos
Ainda ontem, quem diria, todos
Me amavam como um pai. Estou proscrito,

E para não cair no humano engodo
A hipérbole prospera no meu grito
E me distraio com o imenso todo.

ESPERA

Um lenço de cor veloz
na ramada
a lua escura
– curva a ponte e vai embora.

Um lenço de cor redonda
da amada
treva a lua
e a ponte vai embora.

Palavra,
e mesmo assim tão débil
Crosta seca que retém o fluxo da mente.

Palavra,
como um teclado sem o meio-tom,

Ou clave fixa sobre a qual meu dedo
Hesita, à espera que se abra logo ao lado,
Algo nem tão bem constelado.

Terror no sumidouro,
Ou como
Um grito estrídulo
Escancarado na laringe
Soando, num agora eterno, contra o horizonte-móvel.

Era a chama da deusa ligeira
Descendo, fluxo e dedos, nas cabeças.
E já iam para a dança que iniciava,

Os corpos móveis, semi-aduncos
arbustos torcidos
Pela chama-ventania.

Um pálido propósito
                          alinha-se em requisitos
    Que, crescentes,
                    fluem

Nos cílios esquisitos.

    Abaixo,
            erguendo-se,
                          inexperto e recostado,
    Tal península
                   na maré
                           abrindo as gordas margens,
    O obscuro rosa vaga
                        semi-entrincheirado.

No encontro
            – casual –
                        das têmperas iguais
    Que à mágica
                 dos seios não deixa nada

Abrem-se os carmins
                    em ardilosos aguaçais
    E um rito dançante
                       se anela nos fanais.

Com a dor
          que esconde os olhos

    De infestações
                   de méritos vermelhos, um triunfo

Se divide

    E logo se expande
                      em pétalas cruzadas
    Com órbitas que
                num instante
                              recolidem
    Num clarão
             em que tão logo se extinguem.

Se contra sua nudez de saltos,
o ângulo dos segredos de sereia
para alçar a embriaguez da taça
logo à pia
o agouro das sirenes.

Olhar que só sedia atônito
uma salva falaz de tiros;
reergue-se num estrondo o tédio
na várzea branca da bacia.

Névoa
Expande-se entrementes
à ironia dos seus passos.
Importa se a dor tem lentes
ou pior ainda
fatos?
Mesmo assim te sentas
na borda pêncil dos relatos.

SATÃ

Ao longo da noite santa vagamos
Miseráveis, os que vieram tarde,
Os distraídos;

Como um vaso frágil não suportamos
A pressão das cadeias
E das raízes;

Do fulgor que em ti relampeja
Nosso coração quis agarrar
Uma fagulha que seja,

Para moldar à tarde, com regalo,
Um templo para que dos ossos
Ouçam-se os estalos.

Sugado já nesse novo Letes
Onde até o teu consolo amado
Se desvanece,

Vem a ilusão de não ter sabido
Achar o verdadeiro ardor
Que cura o corpo ferido.

A alma ali estava com suas asas
Esguias esgueiradas sobre o fosso.
Sim, cair da altura até estas brasas,

Transgredir, e cair como um destroço,
Depois de saborear nesse covil
Um fruto que não era nada insosso!

Aqui o rebelado, olhar hostil,
Tem por calabouço suas próprias trevas,
E finge indiferença ao céu anil.

Ele dita a suas gentes malevas
Que se unam em nome da desgraça
E da vindita débil que soleva

Mas não satisfaz. Aos irmãos de jaça,
Fala, rompendo o hórrido sigilo,
Como quem espera e não espera, abraça

Um querer que bóia em nada. Sibilo
Talvez imitado à vingança eterna
Que o revelou ali onde há o exílio.

Dados Internacionais de Catalogação na Publicação (CIP)
(Câmara Brasileira do Livro, SP, Brasil)

Salaberry, Lawrence
　Engano especular / Lawrence Salaberry. – São Paulo :
É Realizações, 2012.

ISBN 978-85-8033-085-4

1. Poesia brasileira I. Título.

12-03452   CDD-869.91

Índices para catálogo sistemático:
1. Poesia : Literatura brasileira   869.91

Este livro foi impresso pela Prol Ediora Gráfica para É Realizações, em julho de 2012. Os tipos usados são da família Adobe Garamond Pro e Gothic821 Cn BT Regular. O papel do miolo é pólen bold 90g, e o da capa, cartão supremo 250g.